T0054778

Mejora tu vida con el feng shui

Grupo ROBIN BOOK

Barcelona - México
Buenos Aires

Mejora tu vida
con el feng shui

Futabei Shoki

© 2011, Ediciones Robinbook, s. l., Barcelona

Diseño de cubierta e interior: Cifra
Fotografía de cubierta: iStockphoto

ISBN: 978-84-9917-097-8
Depósito legal: B-7577-2011

Impreso por Egedsa
Rois de Corella 12-16
08205 Sabadell (Barcelona)

Impreso en España - *Printed in Spain*

Índice

Introducción

Estoy segura de que casi todo el mundo, por no decir todo el mundo, se ha encontrado en la vida bajo los dictados de la intuición. Algo se revela en nuestro interior y se nos presenta como verdadero. Recordamos el momento con claridad y en seguida vemos el lugar y la sensación que en él se desencadenó. Entonces, si esta sensación la trasladamos al contexto en el que nos sucedió recordaremos también el escenario con detalle, y si esa sensación fue buena o mala.

Es como cuando uno está buscando una vivienda y tras cientos de pisos o casas visitadas, finalmente das con un lugar que rápidamente se desvela como el escogido. No sabes por qué pero te da buena impresión, te transmite buenas vibraciones.

Pues bien, este presentimiento tan primitivo y animal es algo que en China llevan estudiando desde tiempos inmemoriales.

Feng shui, cuyo significado literal es «viento» y «agua», es una forma de geomancia china que se aplica a la arquitectura, la decoración, el diseño de interiores, las construcción de jardines e incluso el urbanismo. Generalmente este arte se aplica a la mejora de la salud, los ingresos económicos, la capacidad de estudio o el encuentro de mejores relaciones ya sean personales o comerciales, etcétera. Ahora bien, lo que sí debemos tener presente es que el feng shui ha de verse como una interrelación o ayuda a otros factores y no como una panacea que subsana milagrosamente todos nuestros problemas.

Unas nociones

La doctrina del feng shui se basa en la existencia de un aliento vital o chi cuyo flujo se ve modificado por la forma y disposición del espacio, las orientaciones (puntos cardinales) y los cambios temporales. Todo cuanto nos rodea tiene energía (chi), y por ello, el feng shui se preocupa de armonizar esta energía en los espacios en que vivimos a fin de que fluya en lugar de estancarse.

Así pues, el feng shui considera cuidadosamente las orientaciones, ya que cada punto cardinal emana una energía determinada. La interpretación de estas energías se basa fundamentalmente en un símbolo llamado bagua o pakua (ocho trigramas), que explicaré más adelante.

Otro de los fundamentos de esta doctrina es la del yin yang, que es la idea de los opuestos complementarios, los cuales se necesitan mutuamente para existir. El yin es pasivo, oscuro y femenino mientras que el yang es activo, luminoso y masculino. Hay yin dentro del yang y el yang incluye el yin. En lo femenino, hay un poco de lo masculino y viceversa. La existencia de la luz presupone oscuridad; y la del calor, el frío. Los opuestos se engendran uno al otro, en un ciclo eterno: las estaciones del año se suceden cíclicamente, lo mismo que el día y la noche se alternan rítmicamente. En definitiva, no cuesta mucho darse cuenta de que nuestra vida responde también a esa ley.

Relacionado con la idea de los opuestos hay que saber que entre el yin y el yang existen cinco fases o cualidades de energía que en Occidente se conocen comúnmente como los cinco elementos. Estos cinco tipos de energía corresponden a los elementos que rodean nuestras vidas: madera, fuego, tierra, metal y agua. Cada uno de ellos tiene sus propias cualidades y se relaciona con un color, forma, estación, punto cardinal, etcétera. Los cinco elementos están relacionados entre sí a través de tres ciclos, el Ciclo Generativo, el Ciclo de Control y el Ciclo de Debilitamiento. Se esconde una inmensa sabiduría en la comprensión de estos ciclos y su aplicación en el feng shui es fundamental, ya que las verdaderas «curas» vienen del manejo de estas cinco energías. Por ejemplo, en el ciclo generativo la madera crea fuego y la tierra, metal. Por el contrario conseguimos debilitar el fuego mediante la presencia de agua. Todo esto está simbolizado en un octógono con ocho trigramas: el pakua (bagua), el cual tiene sus raíces en el *I Ching* o *Libro de las Mutaciones*.

Cada kua representa una serie de correspondencias, entre las que se encuentra una orientación, una parte de la naturaleza, una parte de nuestro cuerpo, un miembro de la familia, etcétera. Las ocho partes o direcciones del bagua se asocian con los siguientes elementos: norte-agua, sur-fuego, este-madera, oeste-metal, noroeste-metal, noreste-tierra, sudoeste-tierra, sudeste-madera. Por eso, y obedeciendo a la ley general el chi encontrará su armonía mediante el encuentro con su opuesto, esto es, el chi del oeste buscará el del este para equilibrarse y así con el resto de elementos.

De acuerdo con el feng shui cada hogar o lugar también se puede dividir en ocho áreas o casas distintas que representan un aspecto diferente de la vida. Estas áreas quedan representadas en un mapa bagua, que es por lo general octogonal. A estas casas les corresponde una numeración determinada:

1. En el norte, corresponde al área de la Carrera profesional.
2. En el suroeste, corresponde al área del Amor y el matrimonio.
3. En el este, corresponde al área de la Salud y la familia.
4. En el sureste, corresponde al área de la Riqueza y la prosperidad.

5. En el centro, corresponde al Tai Chi o centro de la Tierra.

6. En el noroeste, corresponde al área de las Amistades y los viajes.

7. En el oeste, corresponde a la Creatividad y a los hijos.

8. En el noreste, corresponde al Saber y la cultura.

9. En el sur, corresponde a la Fama y la reputación.

Cada área debe tener un equilibrio sutil entre el yin y el yang.

Del mismo modo, la disposición de los muebles y los colores en el hogar favorecerán o empeorarán diversos aspectos de nuestra vida. Por ejemplo, hay dormitorios en los que los ocupantes se quejan de insomnio; éstos tienen una concentración demasiado alta del elemento tierra, y no porque estén situados encima de un montículo hecho por el hombre, sino por los colores, las formas, las texturas y la colocación general que se ha utilizado en el lugar. La práctica de feng shui permite crear ambientes adecuados para la actividad que se quiera desarrollar en un lugar concreto, además de que nos capacita para corregir los desequilibrios existentes con el fin de mejorar nuestra vida.

Si nos detenemos en el presente y tratamos de observar nuestro entorno, comprobaremos con rapidez la cantidad de cables y ondas que nos rodean: móviles, computadoras con conexiones wi-fi, radares, cables de alta tensión, materiales tóxicos empleados en la construcción y un largo etcétera; podríamos decir pues, que vivimos en un mundo altamente contaminado por campos y ondas electromagnéticas que se agudiza aún más en los entornos urbanos. Las investigaciones de la sociedad moderna proporcionan información fehaciente acerca de los nocivos efectos que esta carga energética tiene sobre nosotros y nuestra salud.

Por estos motivos, la práctica del feng shui se convierte hoy en día en una herramienta indispensable para paliar y equilibrar estas malas influencias. Así pues, en este libro me gustaría poder ofrecerte de forma amena algunas pistas de los beneficios que aportan el buen fluir del chi en vuestras vidas.

El plano bagua

Amistades y viajes

Refuerza esta zona siempre que necesites ampliar y atraer más clientes a tu negocio, o bien te hayas mudado de casa (quieres conocer a gente nueva) o de lugar de trabajo o simplemente quieras viajar. Para ello **utiliza colores grises, negros o blancos**, pon fotografías de aquellas personas que te han ayudado, maestros o en el caso de que quieras viajar, fotos o carteles de lugares a los que te gustaría ir.

Es muy apropiado para esta zona las imágenes o estatuillas de delfines, que simbolizan colaboradores desinteresados y amigos que están dispuestos a ayudar, guiar y apoyar. Los delfines atraerán la ayuda desinteresada de los demás, así como la alegría de comunicarte con la gente.

Amor y matrimonio

Cuelga una araña de cristal en la zona suroeste de tu casa, y en especial si corresponde al salón **para atraer el amor.** Si lo que quieres es mantener el amor y cultivar la armonía y comprensión en la pareja, cuelga en el dormitorio un espejo circular.

Es mejor que la fregadera y los fuegos de la cocina estén enfrente uno del otro, pues de otro modo puedes crear situaciones de enfrentamiento en la relación. Para curarlo, si es que no puedes rediseñar la cocina, **trata de crear un ciclo generativo**, o bien coloca hierbas frescas o pequeñas plantas alrededor de la fregadera. De este modo conseguirás que el agua alimente la madera y ésta a su vez, alimente el fuego complementándose.

Para iniciar el camino hacia una relación más fluida o un nuevo romance, coloca cuarzo rosado, turmalina rosa o kuncita rosa en la zona de tu casa que corresponda con el área del agua en el bagua. Si no puedes conseguir ninguno de estos cristales, coloca una vela rosa en un portavelas de cristal. Asegúrate de que enciendes la vela una vez por semana como mínimo.

Si has de tener fotos en tu dormitorio, deberían ser de ti y de **tu pareja en un momento feliz**. También son buenas las representaciones abstractas de parejas o dos objetos iguales, por ejemplo, las mesillas y las lámparas de noche o dos candelabros. Evita las fotos de tus ex novios.

La energía del suroeste es la que se asocia con el amor. Esta energía se identifica con el elemento tierra encargado de promover la estabilidad, la seguridad, el cuidado, la armonía familiar, la maternidad, la energía del hogar y la precaución. Por eso, es aconsejable que en el área suroeste de las habitaciones coloques objetos como una escultura de porcelana, por supuesto, de pareja en armonía. También puedes usar plantas bajitas como violetas o un ramo de flores en colores rojo, naranja o amarillo.

Procura liberarte de los detalles superfluos o libros que no lees, pues son causa de distracción y estrés. Recuerda que el dormitorio ha de ser **un lugar destinado exclusivamente al descanso y el amor,** por ello, en él debe imperar la tranquilidad y el romanticismo.

Carrera profesional

El norte representa el invierno, el frío, el día gris. Se le asocia al agua y **el agua que fluye se asocia con el dinero en los negocios** así que puede beneficiarte el hecho de colocar en el despacho un acuario o fotos y cuadros con imágenes de lagos, estanques, peces, etc.

Para aumentar la riqueza hay que activar la zona de la fama, que está en el sur. Si no puedes ubicar el despacho en este punto cardinal **refuérzalo con elementos de fuego**: color rojo, velas, plantas acabadas en punta.

El feng shui se preocupa
de armonizar la energía, el chi,
en los espacios en que vivimos
a fin de que fluya
en lugar de estancarse.

Creatividad e hijos

Puedes reforzar esta área cuando necesites grandes dosis de creatividad en algún proyecto en el que estés trabajando, quieras mejorar tu relación con los niños o bien quieras tener hijos. Para ello puedes colocar en este sector fotografías de tus hijos con alguna manualidad que hayan hecho, rocas y piedras o bien objetos de metal.

30

Para activar la fertilidad de la pareja es muy eficaz colocar un par de elefantes con la trompa hacia arriba, uno en cada mesita de noche de la habitación matrimonial, como si los elefantes se estuviesen mirando entre sí a través de la cama. Estos animales, además de simbolizar muy buena suerte, representan el éxito en la concepción de hijos saludables. Tócalos y frótalos con frecuencia.

La fama y la reputación

Si cultivamos una buena reputación aparecerán amistades beneficiosas, además de que podremos cultivar las condiciones para encaminarnos hacia un futuro favorable. Puedes colgar cuadros con figuras de animales; un acuario te puede ayudar, aunque siempre has de compensar el posible exceso de agua con peces de color rojo.

Refuerza este sector cuando quieras que en tu casa o en el trabajo valoren lo que haces, o necesites crearte una buena reputación o simplemente ser más íntegro. Para ello **utiliza elementos que simbolicen el fuego**, como elementos de tapicería de color rojo, pantallas de lámparas, o bien si ello no es posible, plantas, pues éstas simbolizan el elemento madera, la cual favorece el ciclo generativo que alimenta al fuego.

Riqueza y prosperidad

El termino riqueza se utiliza aquí para referirse al sector o área específica de una casa que esté recibiendo la energía más próspera. Asimismo **representa la riqueza espiritual y material así como la felicidad**, la cual se manifiesta de muchas maneras, como un alto grado de autoestima, llevar una vida equilibrada y armónica, o bien manejar con habilidad los valores materiales. Los elementos activadores son el agua en movimiento así como la actividad yang, que llevarán el chi dentro de la casa.

También puedes activar esta zona del mapa agregando un acuario, o un cuadro de una cascada, o bien **empleando los colores del dinero para atraer la riqueza**. También puedes activar la suerte en tu vida si pintas la puerta principal de color rojo.

Saber y cultura

Activa esta zona cuando estés pasando por un momento difícil y necesites cierta paz y tranquilidad interior. Del mismo modo cuando transmitas tus conocimientos a otras personas o bien cuando hayas de pasar algunas pruebas o exámenes. Para ello puedes colgar fotografías o cuadros que reproduzcan lugares tranquilos y relajados, objetos asociados con el saber o bien maestros y personas sabias. **También puedes utilizar los colores negro, azul o verde.**

El área del conocimiento es especial para reflexionar o descansar. Puede situar aquí el estudio, despacho o biblioteca. También es bueno poner baúles, vasijas, jarrones, aunque no conviene poner ahí la televisión, pues se opone a la esencia silenciosa de la montaña.

Salud y familia

En esta zona se localizan los antepasados. También nuestros padres, jefes y superiores. Si necesitas activar este sector, **las plantas o bien una representación de las mismas son buenas aliadas.** Del mismo modo, esta zona se verá reforzada si colocas muebles de color madera (evita el metal). También puedes utilizar tonos azules o verdes, o bien fotos de tus padres y amigos. Aquí es mejor que evites el color amarillo.

También debes reforzar este sector cuando te encuentres en situaciones en las que tu salud necesite un empujón, cuando tengas que someterte a una intervención quirúrgica o ya te hayan intervenido, o cuando empieces a practicar algún tipo de ejercicio.

Tai chi

El Tai chi o centro del bagua agrupa todas las zonas perimétricas a éste, es decir la energía del lugar. Además, es a él a quien se le asocia la salud de una persona así como la armonía de sus cualidades que dan como resultado una personalidad sana. El color amarillo es el indicado para esta zona, así como las formas cuadradas y rectangulares y los objetos de cerámica o piedras y zonas con arena.

Evita el exceso de agua, pues la combinación de ésta con la tierra forma el barro, lo cual puede acarrearte algunos problemas de salud.

Dónde y cómo

Árboles

Planta versiones del árbol del dinero, como el árbol de jade, la plumeria, el gingko biloba, o álamo en la zona sureste o este de tu jardín para activar tu riqueza.

El avellano representa el principio del deseo. Por esta razón, a este arbusto se le atribuye una electricidad erótica.

El pino es el símbolo de la longevidad, la nobleza y la sobriedad. Las plantas coníferas perennes, que tienen la forma asociada al elemento fuego, aportan energías yang durante el invierno.

Para dejar que entren las oportunidades a tu casa elimina las ramas del árbol o las hojas que toquen la fachada de tu casa u obstruyan las ventanas.

Debido a sus hojas acabadas en punta, el arce presenta algunas características del elemento fuego. En caso de estrés, tenerlo cerca ofrece cierta acción armonizadora además de que favorece la generosidad.

El nogal permite centrarse. Los pliegues de la nuez recuerdan a los del cerebro. Así pues, este árbol tiene un efecto positivo sobre la capacidad de concentración.

El avellanillo o arraclán propicia la apertura emocional. Además, atrae a una gran variedad de especies de mariposas, por lo que tu jardín se puede ver animado por estos bellos seres y contribuirás positivamente con la ecología.

Los bambúes son estimados por crear un buen ambiente general y por simbolizar la longevidad, pues se doblan al viento (durante años), y sin embargo, se mantienen firmes en la vida.

Los árboles frutales, como los naranjos y melocotones están llenos de vitalidad y fortuna, por ejemplo, el ciruelo representa la belleza y la juventud y el cerezo transmite optimismo.

El abedul favorece la jovialidad, la relajación y la flexibilidad. Los tonos claros de su tronco dan sensación de ligereza a la vez que transmite optimismo.

Baño

El cuarto de baño es un lugar de fuga energética debido a las tuberías y los desagües, que crean un movimiento descendente del chi (bañera, taza, bidé y lavabo) y **el exceso del elemento agua comporta frialdad y humedad.** Cuida de manera especial que la cabecera de tu cama no esté inmediatamente al otro lado de la pared del baño o justo debajo, pues dichos elementos influyen en la zona donde está y al otro lado de las paredes y zonas en las que se encuentra el baño.

Si el baño recibe luz natural, la presencia de plantas contribuye al equilibrio de los elementos, pues la madera y la tierra compensarán el exceso de agua y humedad.

Si tu baño está en el centro de la casa pinta una pared de color rojo. Éste, en tanto que elemento fuego, evitará que tengas pérdidas de dinero.

Cuídate de que los grifos estén siempre en buen estado y sin perder agua. **Haz que el baño sea un lugar agradable manteniéndolo siempre limpio y ordenado**. Un grifo que gotea es señal de derroche de dinero.

El feng shui considera que una fuente negativa son los sanitarios y ello puede acarrear muchos accidentes e infortunios; con lo cual una manera de contrarrestarlo es mantener siempre la puerta y la tapa del inodoro cerrada.

Elimina del cuarto de baño todo lo que no tenga que ver con el aseo personal.

No lo utilices de tendedero de ropa y quita de la vista los frascos de medicamentos. Deja expuestos sólo los frascos más bellos y las toallas secas.

Mejor que el baño de tu casa no se encuentre en el centro de la casa, ya que lo que provocará es que se desestabilice la energía. Otro de los problemas es que se ubique en algún área importante, tales como el área de la prosperidad, de las relaciones o la salud. Simbólicamente la salud, el dinero o el amor, pueden perderse por el desagüe. Para remediarlo puedes colocar un espejo largo en la puerta del mismo para que refleje el chi y se disperse hacia el resto de las habitaciones. Asimismo, tapa, siempre que no estén en uso, los desagües.

Puedes utilizar la Sanseveria o Lengua de Tigre situándola alrededor del inodoro para contrarrestar la vibración de la cadena.

Es una planta que puede vivir con muy poca luz.

Retira las fotos de tus seres queridos en esta estancia, pues **la energía en este lugar tiende a descender,** por lo que podría perderse por las tuberías repercutiendo consiguientemente de manera negativa en tus relaciones.

Puedes usar los colores rojos, naranjas, rosas, pero usa con cuidado los púrpura y colores profundos. También puedes poner azules y verdes claros. Si pones algún color oscuro, que sea con mucho cuidado y en cantidades mínimas. También puedes usar combinaciones de elementos en decoración que aporten calidez como los cuadros, luces y plantas.

El yin es pasivo, oscuro y femenino mientras que el yang es activo, luminoso y masculino.

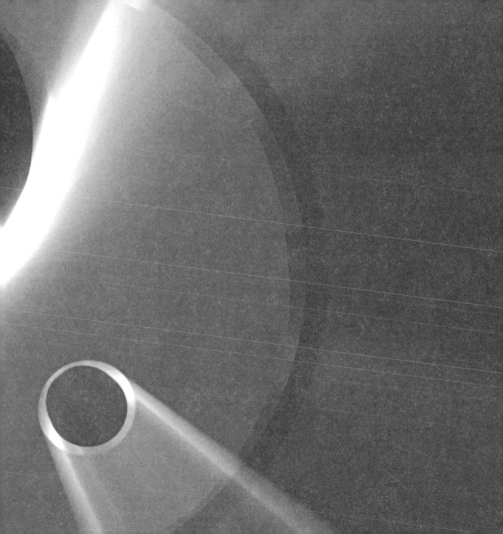

Cocina

Si colocas la encimera de la cocina en forma de isla o mueble aparte colócala lejos de la fregadera, mejor que no estén una frente a la otra. El agua y el fuego necesitan estar en equilibrio pero separados y no deben colocarse en oposición directa.

Ponte de cara al este (madera) o al sur (fuego) cuando estés ante los fogones.

En la antigüedad la gente quemaba madera para crear el fuego con el que cocinarían. Así crearás un ciclo generativo.

Pon un espejo encima de los fogones para ver la puerta en el caso de que la tengas a tu espalda. Además, si instalas el espejo a la altura de la encimera éste duplica los alimentos, los cuales son símbolo del bienestar.

Coloca la mayoría de los utensilios de cocina en las áreas que correspondan a sus elementos. Por ejemplo, agua en el norte, madera en el este y sureste, y el metal en el oeste y noroeste.

Mantén los fogones en buenas condiciones, ya que según la cultura china, esto favorece los ingresos familiares.

Los colores más apropiados son los colores terrosos, como los tostados, arenas, pasteles, etcétera.

También los puedes combinar con toques de azules y verdes claros. Es decir, **es preferible que prevalezcan los colores claros que no sean demasiado calientes para evitar el exceso de fuego**, ni demasiado acuáticos, para que no lo apaguen. No obstante, siempre pueden aparecer elementos rojos o naranjas en cuadros y luces. Las flores frescas y las frutas atraen el chi.

Comedor

El metal contrarresta los trastornos de salud vinculados con la alimentación. Una buena alternativa es un reloj de pared con un péndulo metálico: el metal en movimiento ayuda a eliminar los efectos negativos de la energía del lugar. Entre los otros elementos, la madera provocará relajación y comodidad.

Un espejo que refleje la mesa al comer multiplicará la abundancia en esa casa.

Preferiblemente en la pared oeste o noroeste del comedor.

Si ponemos un espejo que mire al norte se fortifica la

protección para que no falte el sustento en la familia.

Asegura la armonía familiar con las posiciones de las sillas adecuadas para cada miembro de la familia: el padre se ha de sentar al noroeste, la madre al suroeste, el hijo mayor al este, la hija mayor al sureste; el hijo menor al noreste, la hija menor al oeste; el mediano al norte, mientras que la mediana al sur. Las mesas de comedor chinas son redondas para poder adaptar este tipo de arreglos.

Cuelga en el comedor un cuadro con frutas o comida. Asimismo, también es recomendable poner un bol con frutas maduras en la mesa, ya que además de crear energía positiva, simboliza la presencia de alimentos en la casa.

El feng shui considera cuidadosamente las orientaciones, ya que cada punto cardinal emana una energía determinada.

Cuanto más grande sea la mesa del comedor, más fuerte y mejor será tu energía y mayor será el posible crecimiento de tu carrera.

Los suelos de madera natural ejercen un efecto neutro sobre la energía chi

y son de fácil limpieza. Es mejor que evites las alfombras.

Despacho

Si diriges los negocios, siéntate de manera que puedas ver la puerta con facilidad, pues los negocios llegan simbólicamente por ella, así que no les des la espalda. Es mejor que no coloques el escritorio en línea con la puerta o te sientes de espaldas a la ventana, porque todas estas situaciones debilitan tu posición. Para remediarlo **puedes colocar un espejo desde el que se observe la puerta.** También te puede servir un espejo en el mismo ordenador; la cinta de doble cara es muy útil en estos casos.

La zona del bagua de Carrera Profesional es especialmente sensible a los excesos de cosas inútiles. **Es zona de agua y necesita mucha fluidez.** Cuando se da la circunstancia de aglomeración de objetos en esta zona, dentro de un gran armario o fuera, los proyectos no avanzan, se hace difícil discernir la carrera profesional a seguir.

Hay que potenciar la llegada de nuevas oportunidades. Así que para ello debes actualizar la documentación con frecuencia para que no se acumule, pues ésta bloquea la energía y el flujo de trabajo.

Los colores en las paredes deberían escogerse de acuerdo a la búsqueda de estabilidad: colores neutros, no llamativos, con especial atención a los terrosos, pasteles y colores arena. El color amarillo ayuda a la concentración en las tareas que lo requieran, mientras que el color azul claro reduce el estrés. En su defecto, te puede servir un jarrón azul claro con una flor amarilla.

Instala el ordenador en la zona norte u oeste de tu despacho para potenciar tu creatividad. Sin embargo, si lo que quieres es generar ingresos, colócalo en la zona sureste de la habitación.

Coloca esencias de eucalipto, menta, jazmín o romero para enfrentarte a tareas difíciles y exigentes. Estos aromas rejuvenecen el ambiente.

Dormitorio

Para un dormitorio de pareja los tonos basados en el rosa pálido, ámbar o melocotón en tonalidades pastel son bastante recomendables. Los colores neutros y blancos pueden estar bien si el conjunto muestra detalles de cierta calidez. Intenta evitar los colores yang, como el dorado o el rojo, pues estimulan tu energía empobreciendo la calidad del sueño.

Elimina el máximo de aparatos eléctricos y electrónicos, en especial, televisores, teléfonos móviles, ordenadores, DVD, pues emiten energía electromagnética que va en detrimento del descanso, la salud y la fertilidad.

La cabecera de la cama debería apuntar a una dirección personal favorable, y su respaldo debe ser sólido, pues éste simboliza la seguridad en la vida.

Evita dormir con los pies apuntando directamente hacia la ventana, ya que la energía vital se escaparía por ella. Esto es algo considerado universalmente como «la posición de la muerte» pues a quienes morían en casa se les sacaba de la habitación con los pies por delante.

Si tienes un espejo desde el que te ves reflejado una vez estás en la cama, es mejor que lo tapes con una cortina mientras duermes. De lo contrario, la energía personal que rebotaría durante el sueño podría transmitirte desasosiego. Según se dice poéticamente en la tradición china, el alma abandona el cuerpo de noche y podría estremecerse al ver repentinamente su imagen reflejada.

La cama ideal es aquella que no tiene nada debajo, tiene un cabezal sólido (probablemente de madera) y el pie no es más alto que la colcha.

Si tienes pareja, utiliza siempre un colchón doble, pues el empleo de dos individuales simboliza que existe alguna división en algún punto de la relación.

Si quieres equilibrar un dormitorio que está demasiado cargado por abajo, dirige las luces hacia el techo y escóndelas detrás de una planta. Por el contrario, si colocas una tulipa, harás que la mirada se dirija hacia abajo.

Si dispones tu cama en un ángulo con el fin de favorecer tu mejor dirección asegúrate de que el hueco triangular que queda detrás de la cama está ocupada.

Puedes guardar debajo de tu cama joyas u objetos preciados, ya que crea prosperidad y fortuna. Mientras duermes sobre ellos simboliza que estás por encima de tales cosas.

Dormitorio infantil

Coloca los muebles, librerías o estantes al alcance del niño y donde no esté la cama, ya que si está por encima de su cabeza **mientras duerme** le puede provocar un encierro que se reflejará en bloqueos y limitaciones para expresarse y convivir con los demás, así como rebeldía provocada por no descansar plena y libremente.

Detalles de rojo y naranja (sin abusar de ellos) promoverán en el niño estimulación mental, sociabilidad y espontaneidad. El azul marino generará una actitud de análisis, profundidad, tranquilidad e independencia.

Obedeciendo a la ley general,
el chi encontrará su armonía
mediante el encuentro
con su opuesto.

El agua y el movimiento de los peces en un acuario son demasiado potentes para poner en el cuarto de los niños.

Intenta que tus hijos estudien en la zona noreste de su habitación con el fin de favorecer el aprendizaje y alcanzar el éxito escolar.

Si tienes problemas con tus hijos adolescentes, en la esquina este de la habitación cuelga un retrato de la familia en un momento que muestre felicidad, con ello conseguirás que las relaciones se vuelvan más armoniosas y fáciles.

Como puntos de luz ubica dos: uno general, que
alumbre toda la estancia y otro más suave
**que relaje a los niños
antes de dormir.**

Escaleras

Si la escalera de tu casa se encuentra justo en frente de la puerta principal puedes colocar un biombo entre la escalera y la puerta principal. Con ello evitarás que el chi que desciende de los pisos superiores se vea expulsado hacia el exterior.

De no ser posible porque la distancia entre ambas es mínima, se puede colocar una planta alta o una cortina de bambú para ayudar a bloquear la energía chi que desciende a través de ella.

Las escaleras pueden ser de madera, metal o de cemento para simular estos tres elementos. Las escaleras de madera son adecuadas en el sur, este y sudeste. Las de metal son las mejores en el norte mientras que las de hormigón son las más adecuadas para el noreste, suroeste, oeste y noroeste.

Las escaleras que giran en ángulos curvos ejercen efectos más benéficos que las que sólo suben en líneas rectas o giran en ángulo recto. Si tienes una escalera de este tipo, puedes colgar una esfera facetada en la zona donde se ubica el ángulo recto, o en la mitad de la escalera cuando describe una línea recta. Las escaleras de caracol funcionan como un tirabuzón por el que sube todo el chi negativo de la tierra.

Procura no poner camas, sillas o escritorios debajo de las escaleras. La energía fluye hacia debajo de las mismas y representa una flecha destructiva dirigida directamente a la gente que está debajo.

Las escaleras deben ser amplias e iluminadas, sin ningún tipo de obstrucción. Los mejores escalones son los que están unidos entre sí. De esta manera crearán un buen flujo energético de un piso a otro.

La disposición de los muebles y los colores en el hogar favorecerán o empeorarán diversos aspectos de nuestra vida.

Jardín

Las plantas con pinchos pueden atraer la energía negativa pero también pueden reactivar la energía positiva en zonas del hogar en las que ésta permanecía inactiva; de este modo, el chi se mueve por toda nuestra casa.

Deja que las plantas y los árboles crezcan según su naturaleza y no los podes, pues los privarás de sus formas naturales y los forzarás a crecer en línea recta.

113

Podemos distribuir las plantas por el norte del jardín si son onduladas, en el este cuando sean rectangulares, en el oeste las redondas y en el sur las de hojas más picudas.

Si tienes un estanque en tu casa compra una bomba para que el agua salga a borbotones y fluya continuamente. Así conseguirás que no quede estancada, lo cual simboliza la parálisis.

Un estanque con nenúfares en el jardín elevará el nivel de energía de tu casa.

Asegúrate de que el agua se encuentra en una dirección favorable en tu caso (situado desde el centro de la casa).

Diseña los caminos que llevan a tu casa de tal manera que sean sinuosos e irregulares. Evita, asimismo las líneas rectas (chi cortante) en el caso de que halla un ángulo recto en la construcción, es recomendable la colocación de una maceta, tal vez un árbol pequeño, o bien podría ser una estatua.

Mascotas

Una pecera, con su continua transformación mantiene el chi de casi todas las habitaciones en movimiento de forma armónica, teniendo la cualidad de serenar la intranquilidad y también de estimular a aquel que está alicaído.

Los lugares que los perros eligen para dormir son buenos así que también los puedes usar. En cambio, **conviene que evites los sitios preferidos por los gatos** ya que por su capacidad receptiva y canalizadora, ellos prefieren espacios inundados por radiaciones nocivas para los humanos, como las ondas electromagnéticas de distinto origen.

Es mejor que tus mascotas duerman fuera del dormitorio, ya que estos espacios deben mantenerse tranquilos y en silencio; la energía yin es la que prevalece.

Ten seis peces dorados y un pez negro en el acuario.

Uno y seis juntos representan agua en el mapa del río.

El color dorado es metal y el metal alimenta al agua. El negro es el color del

agua, y ésta es la que atrae la prosperidad, si está bien

ubicada.

Coloca el acuario fuera de la cocina. Ésta, en tanto que zona de fuego se alimenta de la madera, por lo que el agua destrozará la prosperidad que en ella se genere.

Si se te muere un pez de la pecera, no temas. Esto significa que el pez muerto ha absorbido algo negativo que te hubiera afectado a ti. Repón el pez lo antes posible para mantener la protección que te conferían.

Pasillos

Si quieres, puedes interrumpir el flujo rápido del chi colgando una lámpara o un carillón.

Para dar impresión de mayor amplitud en un lugar pequeño, conviene que la iluminación apunte hacia las paredes. En cambio en un pasillo largo lo mejor es tener varios apliques alineados.

Para asegurarte de que las energías positivas no se estancan y se transforman en negativas, pinta el pasillo de blanco o de algún color neutro y tenlo siempre bien iluminado. Lo mejor son las lámparas que apuntan a las paredes si el pasillo es pequeño, si por el contrario es largo, lo mejor es tener varios apliques. Lo mismo se aplica a los rincones muy angostos.

Un pasillo ancho puede convertirse en una estancia agradable si colocas una estantería con libros, es decir, podría acoger la biblioteca de la casa.

En los pasillos largos coloca plantas frondosas a ambos lados para aplacar el chi de desplazamiento rápido, y si las pones alternadas o en zig zag, mejor aún.

También puedes colocar en ellos espejos no enfrentados en las paredes que ayudarán a frenar la aceleración del chi. Siempre a los lados, pues si lo colocas al final lo que conseguirás es prolongar su longitud.

Plantas

Las peonías refuerzan la energía masculina. Estas plantas simbolizan el cariño. Un ejemplar con abundantes flores y hojas es presagio de buena fortuna. Aunque si ya estás casado, no tengas pinturas o flores de peonías en tu dormitorio: esta flor incitará a tu pareja a buscar amor fuera de tu hogar. Eso sí, decora la habitación de tu hija con peonías frescas o con fotografías, ilustraciones o pinturas de las mismas; esto atraerá hombres buenos a su vida.

Cuando pones plantas en macetas empleas dos cosas: tierra y madera. Si la planta es grande, obtendrás más madera que tierra. Si la planta es pequeña, usarás más tierra que madera. También puedes colocar una planta en maceta grande para representar una montaña (que simboliza protección), y si por el contrario usas una planta de agua, tendrás los elementos madera y agua; con ello alimentarás el éxito en los exámenes y en el amor.

La práctica de feng shui permite crear ambientes adecuados para la actividad que se quiera desarrollar en un lugar concreto.

El verde es el color del crecimiento.

Las plantas verdes transmiten paz y armonía al tiempo que alivian las mentes preocupadas. Éstas reducen el estrés y traen consigo el equilibrio, la armonía y la paz.

Es preferible que dividas el espacio
en el lugar destinado a las plantas
de orden alimenticio, como los frutales, las
hortalizas, etcétera, y el destinado a las plantas de carácter
decorativo.

Los potus están mejor cerca de la puerta o ventana pues absorben todo lo positivo y lo negativo. Por eso no hay que tener muchos, ya que una presencia excesiva puede crear un desequilibrio energético.

Coloca plantas de hojas redondeadas y follaje espeso delante de las columnas para aplacar la energía negativa que se desprende de ellas.

137

Recibidor

Deja que la energía vital fluya ininterrumpidamente desde el recibidor, pues es desde esta estancia desde donde se establecen los canales del flujo de la energía hacia el resto de las habitaciones.

Si cuelgas un espejo, que sea con marco y si lo haces frente a la puerta principal, que sea como mínimo a 3 metros de la misma, porque la energía que entra rebotará en éste y la expulsará. Es mejor que cuelgues el espejo en los laterales.

Destina todas aquella facturas impagadas de luz, gas, teléfono o bien carpetas y elementos de trabajo a un lugar que no sea el recibidor. Este lugar nos da la bienvenida y se despide de nosotros cuando salimos; por ello es aconsejable colocar fotos de seres queridos o bien elementos que nos agraden.

Los abanicos en los recibidores favorecen notablemente la distribución de la energía que se reparte desde esta estancia en la casa. para colocarlos adecuadamente puedes utilizar parches adhesivos o una alcayata plana para que no sobresalga.

Un móvil de techo colgado sobre la puerta es bueno para suavizar la energía chi .

La puerta debe abrirse 180 grados, en un amplio gesto de bienvenida, es mejor que no arrastre ni ofrezca obstáculos.

Salón

La ubicación de un sillón es favorable si desde éste se pueden ver sin problemas la entrada directa o indirectamente mediante espejos. Sin embargo, **el sillón o sofá principal no deben estar enfrentados a la puerta**, pues el flujo de la energía que entra en la sala incidiría directamente en la persona que está sentada en él.

De ser posible el sofá se distribuirá empleando el bagua, formando una figura cerrada, sin ángulos rectos. Esto facilita la circulación del chi dentro de la estancia. Dicha circulación debe ser lenta y sin obstáculos, que parta desde la entrada recorriendo toda la habitación hasta salir por la puerta o ventana.

La orientación más favorable del salón es la sur, que simboliza la fama y la festividad, mientras que los elementos que lo rijan es preferible que sean tierra y madera.

Si tienes muebles con ángulos rectos en la habitación puedes cubrirlos con telas para evitar el chi cortante que afectaría a la salud de las personas. **Siempre son mejores los muebles y mesas de cantos redondeados y líneas suaves.**

Si deseas darle al salón un poco más de energía puedes introducir detalles del elemento fuego, como por ejemplo flores rojas o velas así como elementos de piel.

Las ventanas ideales son las de madera, las cuales deben ser amplias y a ser posible que no sean de guillotina, pues son inactivas. Las cortinas de fibras naturales retienen la energía y dejan pasar la luz.

Coloca el mueble principal o el sillón que más utilizas en posición de seguridad y control. Esto significa que lo has de situar apoyado sobre una pared maciza o en su defecto pon una mesa con plantas, un biombo o un mueble largo; es decir, trata de crear la ilusión de que hay algo sólido detrás.

Coloca esencias de bergamota, jazmín o naranja para el cuarto de estar y mantén la estancia ordenada y limpia para facilitar que el chi fluya con armonía e invite a la comunicación entre las personas que allí se encuentran.

Cuelga cuatro fotografías de tu familia en marcos de madera en la zona sureste del salón si consideras que son las joyas de tu casa. Si en este caso son tus amigos, cuelga fotos o regalos procedentes de ellos en este área del lugar.

Para que la televisión **no obstaculice la comunicación ni la salud de las personas** que habitan el hogar es aconsejable mantenerlo fuera de la vista. Un mueble con puertas que permita guardarlo mientras no se utiliza es lo ideal para que es este aparato no acapare toda la atención.

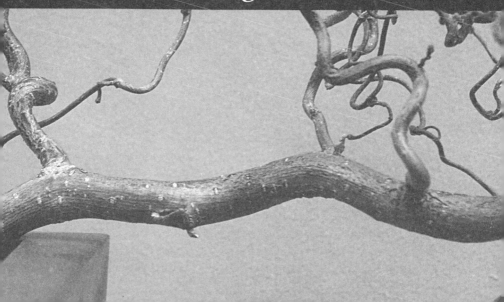

Curas y elementos sanadores
en feng shui

Uno de los grandes beneficios que proporciona la práctica del feng shui consiste en poder remediar los desequilibrios que se crean tanto en el lugar en el que vivimos como en nosotros mismos. Gracias a esta doctrina **podemos organizar favorablemente nuestra vida material y espiritual**, y además curar carencias y desajustes perjudiciales. Los remedios en feng shui son algo que parte fundamentalmente del Principio Unificador. Éste consiste en la reunión de contrarios con el fin de crear un todo unificado. La presencia equilibrada de elementos y energías opuestas permitirá crear una sensación sana y armónica en nuestra vida. Ahora bien, hay que tener en cuenta que el éxito de estos remedios dependerá básicamente de dos factores: el lugar y el propósito.

El lugar debe estar previamente ordenado y limpio. Se han de eliminar de allí todos los objetos inútiles acumulados arbitrariamente. Si, pese a todo, se quieren conservar, deberán organizarse adecuadamente. Una vez se ha conseguido este primer paso hay que centrarse en lo que queremos conseguir. Si observamos la dinámica del feng shui, nos damos cuenta de que **este arte se basa en las vibraciones, en las energías.** Pues bien, hay que tener muy claro que todo aquello que no se ve ejerce una gran influencia en nosotros y por consiguiente lo que sentimos y pensamos se materializa en vibraciones apreciables por nuestros sentidos. En definitiva, hemos de visualizar y creer en los remedios que empleamos. Sólo de este modo favoreceremos las posibilidades del cambio.

Carillones

Sirven para modificar o moderar el flujo del Chi y marcar el punto donde convergen dos energías muy diferentes.

Las campanillas de viento o carillones cambian la energía y reducen su negatividad, pero no la eliminan del todo.

Escucha siempre el sonido de los carillones antes de comprarlos. Cada persona percibe las ondas sonoras de modo diferente. El mejor carillón será el que mejor te suene.

Puedes colocar una campana en aquellos lugares como pasillos o el espacio intermedio entre la puerta principal de una casa y la trasera (cuando están enfrentadas) y no existe ningún mueble u obstrucción que rompa el flujo de la energía. Así **conseguirás moderar la fuerza vital** que entra por una puerta pero se escapa inmediatamente por otra.

Si discutes constantemente con tu pareja o te ves sumido en una disputa familiar con tus padres, coloca unas campanillas en las áreas del trueno y la tierra para ayudar a cambiar la energía y pacificar las fuerzas opuestas.

Puedes colocar un carillón entre la cocina y el comedor de un restaurante para diferenciar las energías de los dos ambientes. Los carillones de metal deben ser idealmente con los tubos huecos. Si es de cinco tubos, no sólo reproducen la escala pentatónica, sino que además simboliza los cinco elementos. Si lo pones de madera o de caña potenciarás el elemento madera.

Colores

Los colores afectan al chi de las personas y de las casas que habitan. Guían nuestro comportamiento y cada uno de ellos es el apropiado en diferentes contextos provocando diversas respuestas en cada persona.

Los colores representan la energía de los cinco elementos e influyen en las cualidades yin yang del ambiente. Como norma general, **cuanto más oscuro es un color más yin contiene,** por el contrario, cuanto más claro es, más yang ofrece.

Los colores relacionados con el agua son el azul y el negro. Este último utilízalo mejor como barrera o acentuación de los bordes de otros colores, pues el exceso de este color puede crear un ambiente depresivo. El azul tranquiliza y relaja.

El verde es el color asociado al elemento madera. Este color es el que predomina en el mundo vegetal y simboliza el crecimiento, además cura y revitaliza.

Elige el color en función de la actividad que vayas a desarrollar, bien sea para corregir o para potenciar algún aspecto de tu vida, pero también ten en cuenta el elemento al que perteneces para conseguir el equilibrio.

Los amarillos, ocres, naturales y dorados se asocian al elemento tierra.

El amarillo enriquece las emociones, está relacionado con nuestras creencias y nuestra inspiración. Es decir, sus ondas están más en consonancia con el intelecto y la sociedad.

El rojo, como sabes, está relacionado con el fuego. Este color activa y llama la atención. Estimula el sistema digestivo. Su uso adecuado puede también inducir a la pasión y a la sensualidad. Usarlo en la decoración estimula la actividad pero usarlo en exceso puede crear dificultades a sus ocupantes.

Los tonos pastel tienen un contenido vibracional mucho mayor. En algunos casos favorecen el descanso y la relajación, por lo que son más aconsejables en las habitaciones de los bebés.

Cristales

Los cristales poseen una capacidad extraordinaria para activar la energía. Focalizan, activan y aumentan el chi.

Si llevas mucho tiempo tratando de remediar algún desajuste y probando varios remedios en el bagua sin resultados aparentes, **puedes probar como último recurso colocar un cristal en el Tai Chi** (el centro del plano bagua). De esta forma cambiará todo el bagua, haciéndolo rotar imperceptiblemente a la vez que el cristal da vueltas sobre su eje.

Puedes colocar un cristal en aquella área inexistente de la casa en la que no puedas colgar un espejo porque hay una ventana. Cuélgalo pues, en el centro de la misma; con ello conseguirás activar el chi.

Escoge cristales simétricos tallados total o parcialmente en forma de bolas, rombos o lágrimas, en lugar de otros con formas como caballos o cisnes. Los asimétricos pueden crear desequilibrios.

Utiliza cristales en las zonas de tierra del suroeste (las relaciones, el matrimonio, los romances) y del noreste (cultura, sabiduría, desarrollo personal) y en especial el área de metal del oeste, pues la tierra crea el metal, con la que se hacen las monedas y representa la riqueza.

Límpialos como si formaran parte de tu rutina semanal de limpieza.

Los puedes limpiar colgados sumergiéndolos en un bol pequeño lleno de agua mineral pura y dejándolos secar al aire, preferentemente al sol.

Espejos

Se utilizan para eliminar del bagua los espacios negativos. Permiten el flujo de energía extendiendo el espacio.

Los espejos también permiten rebotar hacia fuera energías muy potentes que se proyectan hacia abajo sobre una casa, apartamento u oficina.

Los espejos en las habitaciones cumplen su función primordial cuando son ovalados o redondos, porque crean una imagen más suave que los que tienen ángulos rectos, bien sean cuadrados o rectangulares.

Si colocas un espejo en alguna de las paredes que bordean un espacio que falta, como por ejemplo el área de las Amistades, entonces se creará la imagen de que hay algo. Esta cura atrae la energía de la Tierra, que simboliza **las asociaciones, el matrimonio y las cualidades receptivas.**

Mantén siempre los espejos completamente limpios. Los rotos, estropeados y desgastados se han de reemplazar inmediatamente por otros nuevos. Si los quieres conservar hasta su arreglo debes guardarlos tapados con una tela.

Los espejos deben reflejar imágenes agradables para que atraigan la energía positiva. Colocar los espejos en los que se reflejen lagos o estanques resulta favorable para las personas que habitan la casa. Lo mismo sucederá si reflejan árboles o plantas.

Puedes colocar un espejo a ambos lados de la entrada para atraer un nuevo flujo de energía en tu vida.

Puedes colocar un espejo en tu balcón o terraza para rebotar la potente energía que caiga sobre tu casa o apartamento procedente de un rascacielos, una gran antena de televisión, una torre o un tanque de agua.

Gracias al feng shui
podemos organizar
favorablemente nuestra vida
material y espiritual.

Otros títulos de **Vital**

Yoga para tu salud. Eric Baxter

Conseguir la armonía entre cuerpo y mente y entre individuo y el mundo que le rodea es el objetivo del yoga. Esta práctica milenaria favorece un cuerpo sano y libera las tensiones mediante la práctica de una serie de posturas. Con los sencillos ejercicios que este libro te presenta obtendrás innumerables beneficios, tu salud se verá reforzada y obtendrás un alto grado de libertad para seguir el flujo natural de la vida.

Libera tu mente. Peter Greining

El pensamiento positivo produce resultados magníficos y sorprendentes en nuestra relación con nosotros mismos y con los demás. Nos ayuda a mantener una buena comunicación con nuestro cuerpo, mejora nuestra salud, crea prosperidad y riqueza material en nuestra vida y sana las heridas emocionales del pasado. Este libro ofrece consejos para fomentar el desarrollo espiritual y físico y herramientas para personalizarlos.

Aprende a combinar alimentos. Julie Davenport

Sigue los principios básicos de la combinación de alimentos para conseguir una vida saludable. Julie Davenport es una reconocida dietista, especialista en salud y bienestar que en esta obra nos explica que nuestro organismo es una máquina de precisión que funciona cuando el aparato digestivo y todo el metabolismo enzimático pueden funcionar con normalidad. Seguir una dieta saludable combinando alimentos de forma armónica es una garantía de futuro.

Otros títulos de **Vital**

Muévete. Claves para sentirnos activos. Ana Molina

¡Cambia de actitud! ¡Entra en acción potenciando tus recursos personales! Este es un manual práctico para estar activo en tu día a día. Mediante sencillos consejos conseguirás cambiar tu actitud y convertirte en una persona emprendedora y llena de energía. Además, te proporcionará una nueva visión de tu entorno laboral que te otorgará mayor libertad y la posibilidad de invertir en tu futuro.

Disfruta el momento. Raphael Cushnir

Sucede, muchas veces, que ante situaciones difíciles, nos encerramos en nuestro propio caparazón y nos blindamos al exterior. En ese momento perdemos buena parte de la energía que nos permite crecer y madurar como seres humanos. Para evitar estas situaciones este libro nos enseña de qué modo volver a disfrutar de la vida y del entorno que nos ha tocado vivir.

Sentirse bien. Wayne W. Lewis

El autor de este libro nos propone un fascinante acercamiento a lo más recóndito de nuestra mente, de nuestro cuerpo y de nuestro espíritu con el fin de sacar a la luz toda aquella energía inconsciente que se esconde tras nuestros actos.

Otros títulos de **Vital**

Aprende a vivir con optimismo. Catherine Douglas

Este libro nos presenta un resumen de las más eficaces ideas y consejos para alcanzar las metas que nos propongamos.La autora nos enseña cómo motivarnos aplicando las técnicas del pensamiento positivo, desarrollo de la autoestima, afirmaciones, visualizaciones, autosugestión, etc. Catherine Douglas nos ahorra teoría y va directamente a lo práctico, aportando consejos que pueden aplicarse de manera inmediata.

Mejora tu salud emocional. Robert Cameron

Este libro trata ante todo de ti. Está centrado en tus emociones, en tu aptitud individual para crear una fuerte autovaloración para aumentar gradualmente tu autoestima. Es una guía muy práctica diseñada como un viaje en el que podrás abordar los momentos en que has modelado tu personalidad, tu representación de la realidad y la forma en que ésta se proyecta hacia los demás.

Si quieres, puedes. Daniel y Patricia Day

Los autores han conseguido con esta obra que miles de personas vuelvan a confiar en sí mismas. Los autores nos proponen numerosos ejercicios de meditación, afirmaciones y consejos que te ayudarán a confiar en tu sabiduría intuitiva y también a mejorar emocional y espiritualmente para conseguir una vida más intensa y sobre todo, feliz.

Títulos de la colección **Vital**